A todas las abuelas de ayer, hoy y siempre.
R.D.

Papel certificado por el Forest Stewardship Council®

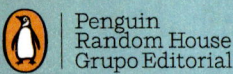

Primera edición con esta cubierta: febrero de 2023

© 2014, Penguin Random House Grupo Editorial, S.A.U.
Travessera de Gràcia, 47-49
08021 Barcelona

Texto: © 2014, Raquel Díaz Reguera
Ilustraciones: © 2014, Raquel Díaz Reguera

Penguin Random House Grupo Editorial apoya la protección del *copyright*. El *copyright* estimula la creatividad, defiende la diversidad en el ámbito de las ideas y el conocimiento, promueve la libre expresión y favorece una cultura viva. Gracias por comprar una edición autorizada de este libro y por respetar las leyes del *copyright* al no reproducir, escanear ni distribuir ninguna parte de esta obra por ningún medio sin permiso. Al hacerlo está respaldando a los autores y permitiendo que PRHGE continúe publicando libros para todos los lectores. Diríjase a CEDRO (Centro Español de Derechos Reprográficos, http://www.cedro.org) si necesita fotocopiar o escanear algún fragmento de esta obra.

Printed in Spain – Impreso en España

ISBN: 978-84-488-4269-7
Depósito legal: B-983-2023

Impreso en Liber Digital, S. L.
Casarrubuelos (Madrid)

BE 4 2 6 9 A

Abuelas
Manual de instrucciones

Raquel Díaz Reguera

Índice

- Cómo reconocer a una Superabuela...
- Complementos para Superabuelas
- ¿Hadas madrinas o abuelas?
- A todo lo que tu madre dice «NO»
- Abuelas de hoy en día
- «Las abuelas coleccionan remedios infalibles»
- Son las únicas capaces de abrazar así...
- Las únicas capaces de decirle a...
- Y a fin de cuentas... ¿qué no haría tu abuela por ti?
- «Aplicaciones para el móvil de la abuela»
- Pack de abuelas
- «Te has metido en un jardín: en el de la abuela»
- Pero... ¿cómo se llega a ser una Superabuela?
- El corazón de una abuela
- Había una vez... Los juegos de antaño
- Había una vez... La escuela
- Había una vez... La moda
- Había una vez... El guateque
- Diccionario de palabras en desuso
- Profesiones desaparecidas
- Antes de ahora
- Grandes abuelas de la historia
- Dile a tu abuela que te hable de...
- «Abuelas. Ayer, hoy y siempre»

Madre solo hay una, pero abuelas hay dos. Y si tener una abuela es como tener un talismán de la suerte en el bolsillo, tener un par... es lo más de lo más; allí donde no alcancen los besos de una, llegarán los mimos de la otra.

Probablemente hay cosillas que tu abuela podría aprender para conseguir el grado de «súper». En estas páginas hemos recogido algunos complementos que un comité de nietos expertos ha inventado para que las abuelas lleguen al súmmum de perfección total.

Pero hay muchas, muchísimas cosas que los nietos desconocen de sus abuelas y que, una vez desveladas, las convertirán en mujeres superfenómenas ante la mirada de sus pequeños. ¿Alguna vez has pensado que tu abuela, antes de ser tu abuela, fue madre? Y antes de ese antes fue hija, y aún muuuucho antes, fue una adolescente y, aunque sea difícil de creer, también fue una niña con coletas que, al igual que tú, tenía su propia abuela. Las abuelas de hoy llegaron a este mundo cuando era muy distinto del que tú conoces. Ellas han ido sumando años y contemplando cómo han cambiado los tiempos. En sus miradas se adivinan un montón de atardeceres. Y aquellos nietos que son capaces de sentarse al lado de su abuela y contemplar sus ojos detenidamente, podrán ver a la niña que aún llevan dentro y descubrir todo el conocimiento que han ido acumulando a lo largo de la vida.

No hay cuento de hadas más mágico que el que una abuela puede contarte de memoria, tan solo desplegando el archivo fotográfico de sus días.

Cómo reconocer a una Superabuela con solo echarle un vistazo

Las Superabuelas son unas heroínas que intentan pasar desapercibidas entre el resto de las personas del planeta. Para ello, se camuflan bajo un aspecto de fragilidad que nada hace sospechar sobre la verdadera naturaleza de estos seres increíbles. Sin embargo, los más pequeños tienen una habilidad innata para reconocer a una Superabuela entre la multitud.

Características que las hacen inconfundibles a primera vista:

- Gesto risueño a la par que dulce
- Ojos chisposos
- Nariz con olfato aventurero
- Labios besucones
- Brazos preparados para envolver a uno o a varios niños
- Rodillas entrenadas para practicar al paso, al trote o al galope con los más pequeños
- Bolso abultado en el que se esconden secretos para cumplir deseos
- Regazo perfecto para atraer el sueño

Has de saber que cuando una Superabuela entra en acción, no hay nada que la detenga. Es capaz de alterar el orden planetario con tal de conseguir lo que se propone, dedicada siempre a defender la felicidad de sus nietos.

Tatuaje que llevan escondido en algún pedacito de piel

Tiene las iniciales de «Superabuela» cuidadosamente enmarcadas en una corona de flores olímpicas. Esta es la marca del club secreto al que pertenecen casi todas las abuelas del mundo.

COMPLEMENTOS PARA SUPERABUELAS

Estos son los complementos ideales que, según 1.806.423 nietos, podría llevar la Superabuela megaperfecta.

Red Wi-Fi.

Localizador de mesas vacías en las terrazas de los bares.

Gafas para ver a cualquier distancia lo que las madres no alcanzan a ver.

Manga de chaqueta brújula. Está repleta de botones para ir dejándolos caer por el camino (las migas de pan son para comer).

Numerosos bolsillos sin fondo en los que solo hay que meter la mano para encontrar lo que deseas.

Alargador de cuello modelo E.T. para encontrar nietos perdidos más allá del horizonte.

Gorra con placas solares para cargar la batería de cualquier máquina.

Pendientes con radio para no perderse su programa favorito.

Collar con cámara y micro incoporados para filmar las monerías de sus nietos.

Manga de chaqueta transformable en manga pastelera para coronar con nata cualquier pastel.

Falda reversible que puede convertirse en el mantel para un pícnic improvisado.

Para complementar los bolsillos, pueden llevar un bolso con aroma de chocolate. Transformable en tablero para juegos de mesa.

Tobillera que al desenrollarse se convierte en una goma elástica de 5 metros para jugar a saltar y saltar...

Zapatillas convertibles en patines en línea capaces de alcanzar la velocidad de la luz.

Faja a la última que puede hacer las veces de bañador si surge la posibilidad de visitar una piscina con sus nietos.

Cinturón transformable en correa para perro, por si se presenta la ocasión de recoger a una mascota abandonada que sus nietos se empeñan en adoptar.

COMPLEMENTOS PARA SUPERABUELAS

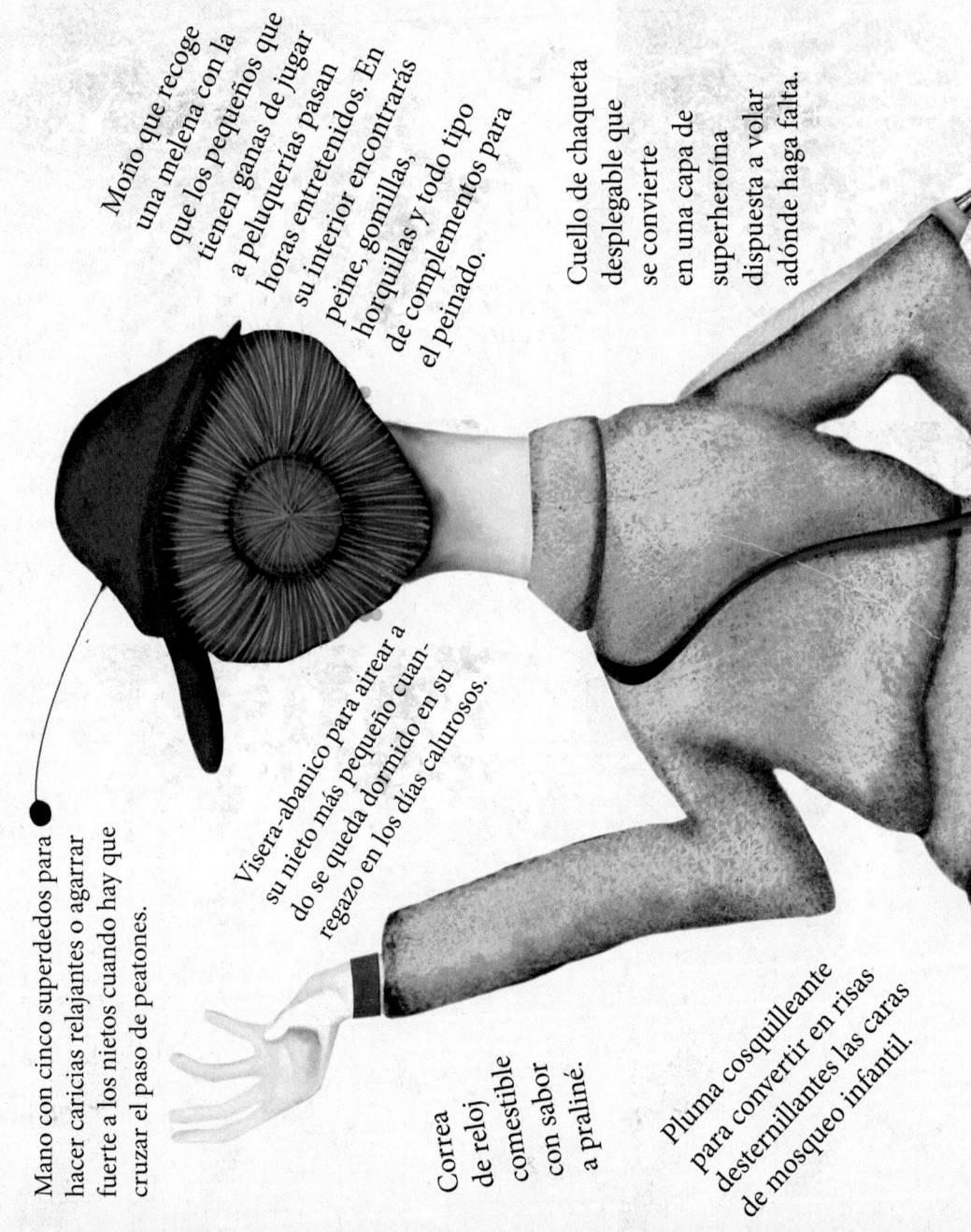

Moño que recoge una melena con la que los pequeños que tienen ganas de jugar a peluquerías pasan horas entretenidos. En su interior encontrarás peine, gomillas, horquillas y todo tipo de complementos para el peinado.

Cuello de chaqueta desplegable que se convierte en una capa de superheroína dispuesta a volar adónde haga falta.

Mano con cinco superdedos para hacer caricias relajantes o agarrar fuerte a los nietos cuando hay que cruzar el paso de peatones.

Visera-abanico para airear a su nieto más pequeño cuando se queda dormido en su regazo en los días calurosos.

Correa de reloj comestible con sabor a praliné.

Pluma cosquilleante para convertir en risas desternillantes las caras de mosqueo infantil.

Pepa Vargas ostenta por décimo año consecutivo el título de **«Abuela Súuuupercroquetas»**. Es capaz de liar 36 croquetas por minuto, y la bechamel con la que cocina este manjar es tan exquisita, que pone de buen humor al más malhumorado de los seres. Son, sin duda, las milagrosas croquetas de cuento que pueden convertir a un ogro en un corderito.

¿Hadas madrinas o abuelas?

Las abuelas son a la vida real lo que las hadas madrinas a los cuentos. La diferencia es que ellas, en vez de convertir la calabaza en carroza, la echan a la olla y preparan una crema con la que se chupan los dedos el príncipe azul y el resto de los invitados al baile, todos dispuestos a abandonar el cuento de Cenicienta o el que sea necesario con tal de sentarse a la mesa de la abuela a degustar sus manjares. Y es que en sus cocinas, donde comen dos, comen 256.000 sin problema. Si la Bella Durmiente hubiera tenido abuela, el hada malvada no habría osado echarle maldición alguna. Y Blancanieves no se habría pasado los días haciendo camas y cocinando, puesto que su abuela se hubiera encargado de poner firmes a los siete enanitos y a quien fuera menester. Una abuela es una madre al cuadrado, doblemente madre.

Y, como por arte de magia, es capaz de afrontar cualquier reto para que la prole de su prole coleccione finales felices y coma perdices todos los días rebañando el plato.

Mariana Díaz, en uno de los 246 conciertos en los que acompañó a su nieta a ver U2. Convencida de que el guitarrista no daba pie con bola, saltó al escenario para reemplazarlo con el propósito de que su nieta no sufriera escuchando su canción favorita tocada con los acordes equivocados.

A lo mejor tu abuela bailó como una loca con los Beatles. Tal vez se sabía al dedillo todo el repertorio de Los Brincos. Puede que fuera la más moderna de las modernas de todo el bachillerato. ¿Le has preguntado?

A todo lo que tu madre dice -NO-

Las abuelas tienen una tendencia natural a decir «SÍ» a todo aquello a lo que las madres tienen tendencia natural a decir «NO». Has de saber que tu abuela esconde un arma invencible ante tu progenitora, y es que ella es la madre de tu madre y, en consecuencia, la conoce mejor que nadie. Por eso, a la hora de convencerla de algo que para ti es importantísimo, puede recurrir al chantaje temporal: «Pero hija mía, ¿no te acuerdas de cuando tú querías más que ninguna otra cosa en el mundo ir a aquel concierto... y yo te dejé?». Así que si tu madre no cede ante ninguna de tus estrategias (cara de pena, comportamiento ejemplar, cariños desproporcionados, simpatía extraordinaria...), entonces es el momento de recurrir a tu Superabuela, la cómplice perfecta.

Hay algunas Superabuelas que...

- Convencen a tu madre para que te deje ir a un concierto.
- Y si hace falta, mientras estás en el instituto, hacen cola para comprarte las entradas de One Direction.
- Algunas, además de hacer cola, se compran una entrada para ellas.
- Otras, además de hacer cola y comprarse una entrada para ellas, te recortan todos los artículos, fotos y entrevistas que salen en las revistas.
- Y también están las que, además, se saben el repertorio de tus ídolos mejor que tú.

Y otras Superabuelas que...

- Te llevan a la ópera, aunque no te guste.
- Y para conseguir llevarte, te convencen comprándote los caprichos que hagan falta.
- Y además de llevarte a la ópera, que tú crees que es un muermo, y convencerte con una tonelada de helado, te enseñan a distinguir la voz de un tenor o un barítono y a reconocer las obras de Puccini.

Y resulta que dentro de un montón de años, aunque ahora no lo sepas, te emocionarás hasta las lágrimas cada vez que recuerdes aquella vez que tu abuela te llevó a escuchar a Pavarotti cantando el «Nessun Dorma».

Abuelas de hoy en día

No te dejes confundir por el aspecto clásico de algunas abuelas. Puede que no vayan a la última, pero están en la onda de todo lo que ocurre; por suerte ellas sacan tiempo de donde no lo hay y encuentran la forma de ponerse al día. No hay distancia que valga: el mundo se convierte en un pañuelo cuando se trata de estar cerca de los nietos y de hablar su mismo idioma.

Si para entender a sus pequeños tienen que aprender un vocabulario ultramoderno y manejar el ordenador como si hubieran nacido con uno bajo el brazo, lo hacen sin problema.

Es cierto que en su época no había Internet, ni WhatsApp, ni Facebook, pero... ¿quién dijo que esta época de hoy, que es la tuya, no es también la de todas las abuelas que además de pasado tienen el futuro a sus pies? Es verdad que el mundo tecnológico ha llegado a sus vidas analógicas cuando ya peinaban canas, pero nunca es tarde si la dicha es buena. Y, si las circunstancias lo requieren, una Superabuela se adapta a lo que haga falta a una velocidad inaudita.

Ana Reguera imparte clases de terminología infantil y juvenil en la Facultad de Abuelas sin distancias para todas aquellas que no quieran quedarse atrás en la asignatura de tecnología lingüística de nietos actuales.

- Hay Superabuelas que teclean mensajes en la pantalla táctil a 320.000 pulsaciones por minuto.

- Otras que triplican tu número de amigos en Facebook.

- Otras que cuadruplican tu número de seguidores en Twitter.

- Hay Superabuelas que le dan al «Me gusta» dos décimas de segundo después de que hayas colgado una canción.

- Y otras que se hacen amigas de tus amigos chateando en la red.

- Algunas que te explican cómo colgar un video en YouTube.

- Y abuelas que tienen disponible el Skype 24 horas al día para no dejar de ver a sus nietos cuando están lejos.

Las abuelas coleccionan remedios infalibles

Sea cual sea el mal que padezcas, para todos aquellos síntomas o malestares del día a día, desde un pinzamiento de humor torcido hasta una «tontitis» aguda, la abuela conoce un remedio natural, casero y la mar de eficaz.

Para deshacer el malhumor

Antes de que vaya a más y desencadene un enfado, se debe salpicar la cara del malhumorado con unas gotas templaditas de simpatía. A los enojos hay que dejarlos marchar, o echarlos practicando carcajadas. La abuela sabe cómo hacer que en tu cara aparezca una sonrisa modelo tajada de sandía. Ella aliña un enfado con unos toques de cosquillas en el lugar indicado, según el nieto a tratar.

Para la falta de imaginación

Desplegar el archivo de personajes de todos los cuentos que conoce una abuela. Sustituir el nombre del protagonista de la historia por el del nieto a tratar. Inventar principios, finales y tramas en las que todo, absolutamente todo sea posible.

Para el insomnio

Si no hay manera de conciliar el sueño, llamarlo con un canto de sirena en tono de nana. La melodía conseguirá que el sueño aparezca y sobrevuele los párpados. Ese es el momento de arrullar al nieto con palabras dulces y un abrazo de "duérmete niño". Se puede acompañar con un vaso de leche calentita y, si es invierno, cubriendo al nieto en cuestión con unas sábanas de franela.

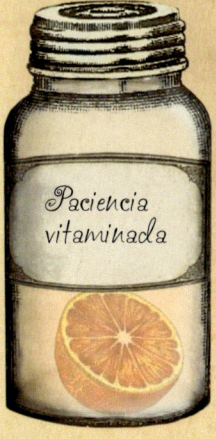

Para aprender la lección

La letra, con la paciencia de una abuela y una buena merienda, entra. Unas cucharadas de calma de limón, una sonrisa amplia por cada error y a empezar otra vez, de la tabla del uno a la del diez.

Para la inseguridad

De todos es sabido que los besos son un analgésico natural para sanar el mal de "nadie me quiere" que a veces padecen los nietos. Las abuelas saben entregar la dosis exacta de ósculos cariñosos que aumenta la autoestima de los pequeños.

Contra los miedos nocturnos

Las sábanas de las casas de las abuelas parecen estar ungidas por un remedio que repele a seres nocturnos. En sus dormitorios no entran los monstruos porque las abuelas los espantan a base de palabras alejamiedos.

Para entretener a un nieto sin dejar de hacer lo que se está haciendo.

Las abuelas conocen adivinanzas, trabalenguas y cuentos cortos que les permiten atender a los nietos sin levantar los ojos de la costura. ¿Quieres que te cuente el cuento de la buena pipa...?

Son las únicas capaces de abrazar así... y así... y así...

Para dar un buen abrazo se necesitan ganas de darlo y algo de tiempo. Un apretujón con los brazos no se puede considerar ni abracito; a lo sumo, una especie de gimnasia. A (casi todas) las abuelas les sobran ganas de abrazar y horas para dedicar a sus nietos, por eso son las mejores abrazadoras. ¡Además ya practicaron con sus hijos! Después de todo, abrazar es como montar en bicicleta: una vez que se aprende, ya no se olvida. De entre todas las modalidades de abrazos, destacamos algunos inconfundibles que quedarán registrados en nuestra memoria, inalterables al paso del tiempo.

🌀 Abrazo de cura sana
Con un poco de mercromina, ayuda a olvidar el escozor de cualquier herida.

🌀 Abrazo de abuela protectora en mitad de un parque
Justo cuando un niño que te saca una cuarta te acaba de robar el turno en el tobogán. Es envolvente y viene acompañado de un puñado de golosinas para dar envidia al aficionado en colarse.

🌀 Abrazo de frío en la calle
Protege de las inclemencias del tiempo. A falta de abrigo ante un viento del norte, este tipo de abrazo es aclimatado y febril, anticonstipados.

🌀 Abrazo de «qué orgullosa estoy de ti»
Hayas conseguido o no lo que te proponías, este abrazo te espera para recompensar tu esfuerzo.

🌀 Abrazo de frío después de una ducha
Antes de que una corriente en el pasillo de casa te pille envuelto en la toalla y tiritando, este abrazo viene a tu encuentro para que recuperes el calor que te ofrecía la bañera. Es perfecto para antes de ponerse el pijama.

🌀 Abrazo de premio
Es como un extra que complementa la alegría de haber conseguido lo que te proponías.

🌀 Abrazo de premio de consolación
También es como un trofeo, pero para envolver la sensación de no haber conseguido lo que te proponías y darte el ánimo necesario para intentarlo otra vez.

꧂ Abrazo de Abueleitor

Capaz de abarcar a tantos nietos como haga falta. Su efecto es relajante y terapéutico para cualquier aflicción, pena o ansiedad.

꧂ Abrazo de «cuánto te quiero»

Te roba la respiración durante un par de segundos. Cualquier momento es perfecto para recibirlo. Viene acompañado de un beso ruidoso en la mejilla.

꧂ Abrazo de «duérmete, niño»

Es el abrazo perfecto para conciliar el sueño. Acogedor como un refugio, posee un efecto narcótico que hace que los párpados se rindan al buen dormir.

Las únicas capaces de decirle a...

Una abuela no se corta un pelo a la hora de decir lo que piensa y no se para a pensar lo que dice. Al parecer llega una edad en la que los pensamientos no se pueden guardar dentro, así que salen a borbotones tal y como pasan por la cabeza. Y allí donde las madres convierten las palabras que no se atreven a decir en miradas que hay que saber descifrar, las abuelas no se limitan a poner ojitos ni a hacer gestos: ellas no se callan una, y hala, que tiemble el mundo. Por eso, algunos nietos se aterrorizan cuando su abuela va a verlos a una audición de piano o a un entrenamiento de baloncesto. A ella no le tiembla el pulso si tiene que plantarse en mitad de la cancha y quitarle el balón a aquel infeliz al que se le ha ocurrido hacerle una falta a su niño o niña. Se trata de una situación que a algunos nietos les parece bochornosa, pero que, pasados los años, al recordar ese momentazo, les hará morir de risa.

¿Qué le diría tu abuela a...?

Ferran Adrià
"¿Croquetas líquidas? ¿Qué es eso de croquetas líquidas? A mí me salen unas lentejas con chorizo que no tienen nada que envidiar a tus inventos."

Fernando Alonso
"Qué manía de correr tanto... ¿No tienes ya edad de sentar la cabeza en vez de andar jugando con los cochecitos y dándole tantos disgustos a tu madre con las carreritas?"

Lady Gaga
"Bonita, si tú en el fondo eres mona. Si quieres, te puedo acompañar a comprar ropa que te siente bien y además baratita."

Messi
"Pero ¿a ti no te han dicho tus padres que escupir es de muy mala educación, y más en los campos de fútbol donde te ve todo el mundo por la tele? ¡Que eso da muy mal ejemplo!"

Alejandro Sanz
"¿Y tú eres cantante? A ti te hago yo un tomillito con miel y limón y te aclaro esa voz tan cascada en un santiamén. Que no es que no cantes bien, pero en mis tiempos, con esa voz, desde luego que no te sacaban por la radio."

Marc Gasol
"Tu madre, la pobre, no ganaría para zapatos. Y no me mires por encima del hombro." (Una de sus bromitas.)

Angela Merkel

"Usted debería estirar el cuello y caminar derecha, porque con todo lo que sale en la tele y con lo importante que es, digo yo que tendría que preocuparse un poco de tener mejor planta."

Y a fin de cuentas...
¿qué no haría tu abuela por ti?

Probablemente sería capaz de subirse dieciocho veces a una montaña rusa sin que se note que le tiemblan las piernas con tal de que superes tu miedo a las atracciones, o de acompañarte a un concierto de rock porque no te dejan ir sola con tus amigas; incluso sería capaz de maquillarse para pasar desapercibida.

Puede comerse todos los platos de verdura que te ponen en casa y que tú te dejas, para que tus padres no se den cuenta de que no has probado las alcachofas. Y todo ello sin echarse flores ni ponerse medallas. Para eso ya estamos nosotros. Aquí recogemos algunas de las proezas realizadas por abuelas anónimas que hemos rescatado del olvido.

ADELA ÁLVAREZ: Estuvo acampada doce días delante del palacio de deportes donde tenían que actuar los POP-POP BOYS para coger sitio en primera fila. Cuando llegó el día de la actuación, a su nieta ya no le gustaba el cantante porque tenía novia, así que al final no fue. (Nunca más ha vuelto a acampar, claro.)

SOFÍA ALADO: Se hizo piloto de aviación para poder felicitar a su nieta desde el cielo y haciendo piruetas. Desde entonces se dedica a escribir dedicatorias personalizadas entre las nubes para sus nietos y los nietos de otras abuelas menos intrépidas.

MACARENA MOLLETE: Disfrazada de inspectora de plagas y bacterias, irrumpió en la clase de su nieto con la intención de impedir que le hiciesen un examen oral para el que no estaba demasiado bien preparado, el pobre.

OLGA CASTILLO: Haciendo honor a su apellido, cada año construía los mejores castillos de arena del Levante español. Hace un par de años, construyó uno tan, tan grande que dejaron el hotel donde pasaban las vacaciones y se trasladaron a vivir en primera línea de playa.

NOELIA RUIZ: En una noche convirtió las cortinas del salón en un traje de Cenicienta porque su nieta no se veía guapa con el disfraz que le había comprado su madre.

APLICACIONES PARA EL MÓVIL DE LA ABUELA

Fiestas de inauguración con tapeo

A una abuela nunca le hace falta invitación, y es que nadie se atreve a no dejarla entrar allá donde ella se proponga. En esta aplicación puede encontrar el calendario semanal de eventos y fiestas varias con todo lujo de detalles. Allí donde se reúna la *crème de la crème* de la sociedad, aparecerá una abuela que no se despegará del camarero que lleve la bandeja de canapés.

Farmacias con farmacéuticos pacientes

Para aquellas abuelas que despliegan sus recetas médicas y toda la lista de sus síntomas en el mostrador de la farmacia, mientras se va formando una cola de clientes interminable a sus espaldas, es imprescindible esta aplicación en la que encontrarán el listado de los farmacéuticos más amables de la ciudad, aquellos que las escucharán atentos y sonrientes sin perder la calma.

Localizador de bancos de plazas y parques vacíos

Si eres una abuelita de las que se sienta a disfrutar del sol del invierno, esta es tu aplicación indispensable. Ofrece un listado, que se actualiza cada seis minutos, en el que aparece la situación exacta de los bancos con plazas libres para sentarse un rato. Además de su ubicación, detalla aquellos que tienen mejores vistas y la temperatura aproximada que hace en los emplazamientos.

Buscador de abuelas amigas

Para abuelas a las que les gusta contar y que les cuenten. Esta aplicación pone en contacto directo a las abuelas del mundo que quieran pasar un rato de charla agradable. Rellenando un formulario básico, la aplicación toma como guía los gustos y aficiones de la abuela buscadora de amigas y la pone en contacto con aquellas otras con las que es más compatible.

Abuelas After-hour. Buscador de guateques

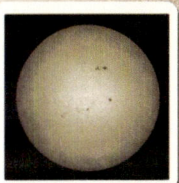

Aplicación muy útil para las abuelas que se despiertan al alba con intención de ser el azote de las discotecas y hacerse con la pista de baile, acosando al DJ para que les ponga su lista de canciones. O para aquellas que gustan de instalarse en la puerta de las discotecas a esperar a que salgan sus nietos y asegurarse de que llegan bien a casa después de una noche larga. Enumera las mejores pistas del país.

Abrazos sin fronteras

Indispensable para todas aquellas abuelas dispuestas a abrazar a cualquiera que necesite ser achuchado y sentirse pequeñito y protegido. Tiene un sistema de alerta que avisa a las usuarias del lugar exacto donde se encuentra la persona que requiere un abrazo urgente.

Abuelas alpinistas. HIMAYAYA

Aplicación para la organización de grupos de excursionistas muy bien preparadas que saben cuando salen pero no cuando van a volver. Las llamadas «Himayaya» organizan aventuras de alto riesgo para sus huesos porque tienen claro que más vale arriesgar que quedarse con las ganas de hacer lo que no tuvieron tiempo de hacer cuando eran jóvenes. Nunca es tarde para cumplir un sueño.

APP Bufandera

La descargan sobre todo abuelas Preocuponas o Costureras. Resulta imprescindible para aquellas que, en cuanto el calendario avisa de que se aproxima el invierno o al primer estornudo de uno de sus nietos aunque sea 23 de agosto, se lanzan sobre las agujas de lana y comienzan a tejer bufandas antifrío. En esta aplicación se encuentran las últimas tendencias de todo tipo de prendas protegegargantas.

Pack de abuelas

En la mayoría de los casos, un nieto tiene dos abuelas: la materna y la paterna. Después de estudiar las opiniones de muchos expertos abuelólogos, hemos determinado que hay combinaciones pluscuamperfectas para que, sumando la personalidad de una de tus abuelas con la de la otra, el resultado sea ideal.

Consiguelotodo + Arreglacosas

¿Qué más se puede pedir? La una es infalible a la hora de lograr para ti aquello que deseas. La otra es la más apañada y eficaz para reparar los desperfectos, rotos y destrozos que puedes causar a las cosas deseadas y conseguidas después de varios usos.

Abuela por carta + Repostera

La Abuela por carta está más lejos de lo que cualquier nieto desea tener a su abuela, por eso este pack es perfecto. Con él puedes hacer más llevadera la distancia que te separa de tu Abuela por carta. ¿Cómo? Leyendo las palabras escritas que te envía mientras comes las exquisitas magdalenas que acaba de prepararte tu Abuela Repostera.

Abuela que no abandona un sueño + Curapupas

La Abuela que no abandona un sueño es implacable a la hora de motivarte para que no dejes de perseguir los tuyos. Siempre tiene las palabras de aliento en los labios para que no abandones, para que no te rindas ante las posibles adversidades. Pero cuando algún sueño se quiebra o te haces algún rasguño en tu empeño por llegar a él, nada mejor que tener a mano a una Abuela Curapupas siempre dispuesta a poner en práctica su sana sanita curativo.

Abuela Preocupona + Guardasecretos

¿Con quién puede estar uno más seguro que con una Abuela Preocupona? Tienen la ventaja de que, para no perderte de vista y tenerte muy controladito, desempeñan su papel de abuela con grandes dosis de actividades seguras: juegos de mesa, cines, palomitas con sofá... Pero para contrarrestar a una Abuela Preocupona y compartir todo aquello que no puedes confesarle sin que le dé un soponcio, es ideal tener una Abuela Guardasecretos, la cómplice perfecta, siempre a la espera de escuchar y comprender lo que le cuentes.

Cuando se concentran más de dos abuelas en el mismo lugar podemos hablar de **Abuelada**: *reunión de varias abuelas. La locura, porque allí donde no llega una, llega la otra.*

El caos: *los nietos van de mano en mano para ser besuqueados, sopesados, peinados, manoseados, preguntados... Suelen reunirse en grupos de cuatro, lo que les facilita los juegos de cartas, pero en plena actividad pueden parecer doscientas. Normalmente cada una es de un tipo diferente, por lo que las discusiones (amables) están aseguradas.*

Pero... ¿cómo se llega a ser una Superabuela?

No se llega a ser una Superabuela de la noche a la mañana. Todas las abuelas de hoy en día vivieron sus años mozos en el siglo XX, y cuando llegó el siglo XXI, este en el que tú has nacido, ellas ya eran bastante maduritas.

Por eso, las abuelas guardan entre pecho y espalda, de los pies a la cabeza, un montón de recuerdos, anécdotas, suspiros, datos, fechas… y la experiencia que dan los años, esa que no se adquiere de ninguna otra manera más que viviendo cada día con su noche durante muchas estaciones.

¿Te has preguntado alguna vez cómo eran las niñas de antaño?, ¿qué hacían en la escuela?, ¿a qué jugaba tu abuela cuando tenía tu edad?, ¿qué le gustaba cuando era jovencita?... ¿cómo se vestía hace cincuenta años?

El mundo gira y gira, y ellas, las abuelas, llevan girando en él y con él desde mucho antes de que tú pusieras los pies sobre la Tierra. Cada abuela porta consigo un baúl invisible rebosante de pequeños instantes de vida, esos que han ido modelando a una Superabuela, la tuya, la que te cuenta cuentos, te arropa por las noches o te abraza como solo ella sabe abrazar.

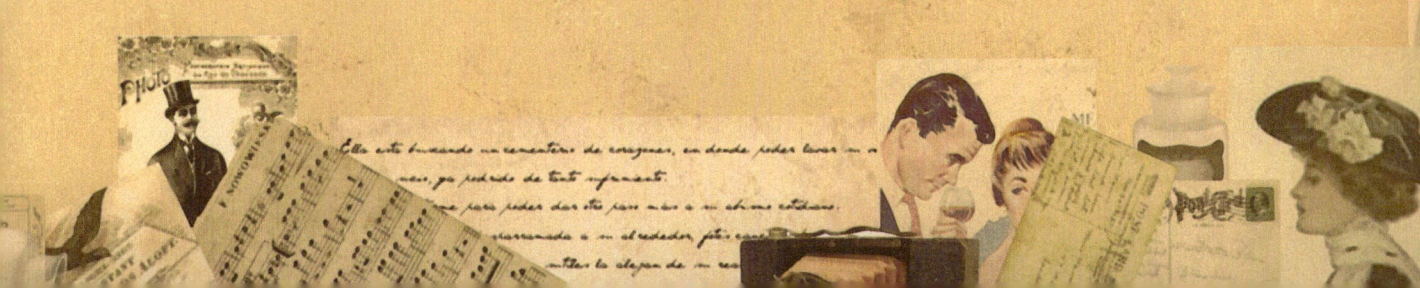

El corazón de una abuela

Tras estudiar minuciosamente el corazón de una abuela, ha quedado demostrado que el músculo cardiaco de estas madres al cuadrado es un lugar lleno de cavidades, rincones, esquinas y estancias donde han ido guardando cada uno de los días de su vida.

N°1 Mapamundi de los anhelos
En este rincón se guardan las cosas que no llegaron a suceder... y por supuesto, cosas que aún pueden ocurrir.

N°6 El dormitorio del mar
En esta habitación se esconde el secreto de por qué los nietos se duermen en el regazo de una abuela con tanta facilidad. Y es que en su pecho, puede escucharse el arrullo de las olas del mar.

N°2 Estancia de los besos
Dulces, alegres, curapenas, mimosos... (Más información en la página 48 del libro *Abuelas de la A la Z*).

N°7 La habitación de «no me olvido»
Para pelear con los despistes y los ¿dónde puse mis gafas?", "¿alguien ha visto mis llaves?" Las paredes de este cuarto están cubiertas de anotaciones.

N°3 La puerta de los sueños
(Siempre está abierta.)

N°8 El paseo de los cipreses
Donde las abuelas se pierden de vez en cuando.

N°4 La cocinilla a fuego lento
No hay prisa en el hornillo de la abuela donde se cocinan los aromas que nos acompañarán siempre que la recordemos.

N°9 La habitación soleada
Para combatir los días grises. Aquí siempre brilla el sol de los domingos.

N°5 Jaula de grillos
En ella cantan las locuras de la abuela.

N°10 El cuarto de la sombrerera
Lugar en el que todo lo que piden los nietos puede salir del interior de una chistera.

Nº 11 El Faro de Alejandría
Como luz de referencia en las noches oscuras, porque las abuelas, aunque no se les note, a veces también tienen miedos nocturnos.

Nº 16 El rincón de Peter Pan
Nunca es demasiado tarde para tener una infancia feliz.

Nº 17 El bosque de los cuentos
En él puede escucharse el canto de los pájaros. Por sus senderos caminan todos los personajes de los cuentos que te cuenta la abuela.

Nº 12 Sala epistolar
Llena de cartas archivadas cronológicamente. Cartas que iban y venían cargadas de palabras que no se ha llevado el tiempo.

Nº 18 Cuarto de juguetes
Apilados en el pasado. Aquí vuela la infancia de la abuela entre recortables y juguetes de lata.

Nº 13 La biblioteca
El rincón de la lectura, con todas las letras noveladas de una vida.

Nº 19 El cuarto de la adolescencia que quedó atrás
Por esta habitación deambulan la jovencita que fue la abuela y la adolescente que aún lleva dentro.

Nº 14 Sala de nubes
Aquí la abuela modela a su gusto las nubes negras, las destiñe o colorea a su antojo para despejar el cielo de sus nietos.

Nº 20 El rincón musical
En él se guarda el tarareo de las cientos de melodías que conforman la banda sonora de una vida.

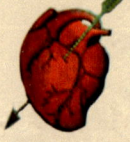
Nº 15 El cuarto del corazón de Cupido.
Para rememorar historias de amor.

Nº 21 Rincón de los familiares
Los abuelos, bisabuelos, padres, primos lejanos... todos los familiares de la abuela se dan cita en este rincón del pasado.

 **Nº22 El cuarto de la melancolía**
En esta habitación no falta un sillón cómodo para pasar los recuerdos página a página.

 **Nº23 El tendedero**
Para ventilar la ropa mojada y las penas y dejar que se aireen al fresco.

  **Nº24 El comedor**
Ideal para las largas charlas de sobremesa, los secretillos que se comparten frente a un plato de lentejas.

 **Nº25 Sala de baile**
Para no olvidar los primeros coqueteos, el primer baile, el primer novio, el primer beso...

 **Nº26 El armario de las nostalgias**
Al abrirlo, se respiran todas las esencias del pasado.

 **Nº27 Vistas al cielo azul**
El que se ve desde la ventana de los sueños cuando la abuela te cuenta un cuento.

Nº28 Dormitorio
La cama de la abuela parece tener dosel y un colchón de plumas. No hay lugar más cálido para colarse a media noche y acurrucarse a esperar la llegada del sueño.

 **Nº29 Estancia de viajes**
Posibles e imposibles. Aquellos que se hicieron y los que aún quedan por hacer.

 **Nº30 Estación de las despedidas**
La más triste de las dependencias del corazón.

Nº31 Cajonera
Perfectamente ordenada. En sus cajones guarda todo tipo de artilugios que despiertan la curiosidad de los nietos.

 **Nº32 Baño de espuma**
Relajante y calentito. No hay mejor lugar para despedir el día, justo antes de ponerse el pijama.

  **Nº33 Habitación de las mariposas**
En ella revolotean las horas felices y se respira el aire de la primavera más alegre.

Había una vez...
Los juegos de antaño

Los juguetes que tenía la abuela cuando era una niña nada tienen que ver con los que tienes tú. No llevaban pilas, ni eran eléctricos, ni tenían control remoto, ni nada de nada. Eran de hojalata o de madera, de trapo o de cartón. Por supuesto, no había videoconsolas, ni videojuegos, ni aplicaciones, ni, ni, ni...

¿Y qué había? ¿A qué se jugaba entonces?, te preguntarás... Las niñas jugaban a saltar a la comba, a los cromos y a los recortables. Derrochaban imaginación jugando a las casitas o a las enfermeras. Y como las calles tampoco eran como las de ahora, ya que apenas había coches circulando, los más pequeños pasaban horas con sus amigos del barrio en las plazas o callejuelas. Ellos jugaban a la lima y las chapas, y ellas a la rayuela.

Las muñecas eran de cartón o de tela, hasta que, ¡tachán!, gran invento: llegó Mariquita Pérez, la muñeca que todas querían tener, con su increíble colección de vestiditos.

🌀 Los juguetes de hojalata, con suerte, eran de cuerda, y después de girar la manivela que llevaban, hacían algún pequeño movimiento.

🌀 Cada niña tenía su caja de cromos. Papelitos impresos con todo tipo de motivos. ¿Sabes jugar a los cromos? La abuela puede explicarte las reglas del juego.

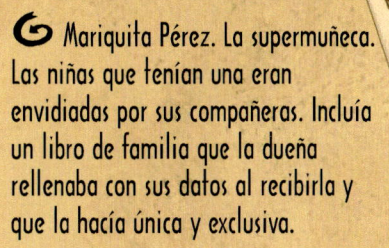

🌀 Mariquita Pérez. La supermuñeca. Las niñas que tenían una eran envidiadas por sus compañeras. Incluía un libro de familia que la dueña rellenaba con sus datos al recibirla y que la hacía única y exclusiva.

🌀 Las fotos de la niñez de la abuela son en blanco y negro. Aún quedaba mucho para que el color llegara al papel fotográfico.

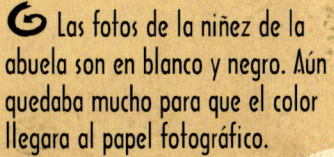

Había una vez...
La escuela

Cuando la abuela era una niña e iba a la escuela, a los profesores se les llamaba «maestros» y para dirigirse a ellos se les hablaba siempre de «usted» o de «don» y «doña», o de «hermana», puesto que muchas maestras eran religiosas dedicadas a la enseñanza.

Estos maestros llamaban a sus alumnas por su apellido, precedido de la palabra «señorita»: «señorita Reguera», «señorita García». Los niños y las niñas no iban a los mismos colegios, y además cursaban asignaturas diferentes; por ejemplo, a ellas en la escuela les enseñaban a hacer labores del hogar. Aprendían a coser, a bordar, a hacer punto de cruz, tareas que se consideraban muy importantes para formar a una «mujercita ejemplar».

Cuadernillo de labores

En él las abuelas iban colocando los distintos tipos de costura y bordado que aprendían en la escuela para que la maestra calificara sus trabajos, ya que Educación del hogar era una asignatura tan obligatoria como Matemáticas o Lengua.

Cuando nos hablan de escritores como Cervantes o Lope de Vega, nos los imaginamos escribiendo con plumas de ave y tinteros. Muchas de nuestras abuelas escribían en el colegio casi, casi, casi con el mismo método, solo que, en vez de plumas de ave, utilizaban plumillas de metal que mojaban en unos tinteros que contenían, pues eso, tinta. Era muy difícil escribir con plumilla, por lo que una de las cosas que más se valoraba era la buena letra, es decir, la caligrafía. ¿Y eso qué es? Caligrafía es el arte de escribir con letra bella (y a mano, que con ordenador es muy fácil).

👁 Las niñas y los niños de entonces no llevaban libros de texto a la escuela. En lugar de eso, el maestro tenía una enciclopedia que contenía todo el saber que necesitaba enseñar a sus alumnos.

👁 Otra de las asignaturas que se cursaba aquellos años tenía un nombre muy rimbombante: «Formación del Espíritu Nacional».

👁 El idioma extranjero que aprendieron nuestras abuelas en la escuela era, mayoritariamente, el francés.

Llegó la moda de los trajes femeninos compuestos por dos piezas, una chaqueta corta y una falda tubo ceñida al cuerpo, esos que llevaban las elegantes actrices de cine americano y que hacían necesario el uso de la faja elástica para apretar muslos y trasero. Y partiendo de la odiosa máxima «para estar bella hay que sufrir», las mujeres quedaban embutidas dentro de esta prenda que, aunque hacía que la figura fuera más escultural, oprimía el cuerpo y era un suplicio cuando hacía calor.

Había una vez...
La moda

¿Sabes que cuando la abuela era pequeña la ropa no se compraba en grandes almacenes o en tiendas de marca? No. En aquella época, la modista o la costurera venía a casa, te tomaba medidas y te hacía los dos o tres vestidos que tu madre consideraba necesarios para la temporada. Las mujeres, excepto en contadas excepciones, no llevaban pantalones, y sus faldas pasaban, al menos, de las rodillas.

Se seguía la moda de las revistas. Había muchas especializadas en costura que incluían entre sus páginas patrones para que las madres más costurillas se pusieran manos a la obra y tejieran ese vestidito con el que su niña luciría la mar de guapa. En cada armario se guardaba la ropa de diario, la justa y necesaria, además de un vestido de domingo para los eventos importantes.

Y qué decir de la ropa de baño. El bikini llegó a nuestras playas en los años setenta; hasta entonces los bañadores eran como minifaldas muy cortitas.

Hubo que esperar un tiempo para que en las calles aparecieran las primeras mujeres vestidas con unos pantalones o con faldas que enseñaran algo más que las pantorrillas.

Y tu abuela... ¿fue una chica yeyé?

La música yeyé fue el primer movimiento musical encabezado mayoritariamente por chicas: las jóvenes de la época se vieron reflejadas, por primera vez, en sus ídolos; las cantantes eran adolescentes como ellas, y todas se reconocían en las letras de las canciones.

Las chicas YeYé

Al principio, en España, la música yeyé hacía fruncir el ceño a los más conservadores. Cuentan que en 1965, en el concierto de los Beatles en Madrid, multitud de chicas fueron amonestadas por la Policía por "vestir provocativamente".

No te quieres enterar, ye, ye...
que te quiero de verdad, ye, ye, ye, ye...

Había una vez...
Los guateques

Así se llamaban las fiestas por aquel entonces.

Cuando la abuela era una jovencita, las discotecas no existían y los adolescentes contaban las horas que faltaban para que llegara el sábado o el domingo y pudieran reunirse en una casa u otra a bailar y coquetear al ritmo de la música más «in» del momento. Cuando eran ritmos «rápidos», se bailaba el rock, el twist y por supuesto la yenka. Los temas lentos llegaban más tarde, al final de la fiesta. Entonces, con la excusa de bailar, las parejas se agarraban tímidamente de la mano o se abrazaban discretamente en la pista.

Las canciones sonaban en el *pick-up* a pilas. A los CD aún les quedaba una eternidad para existir. Entonces lo más «moderno» eran los «singles». Los favoritos sonaban en la voz de Adamo con su «Y mis manos en tu cintura, pero mírame con dulzor...», o de Los Brincos, Luis Aguilé... y cómo olvidar a los mejicanos Teen Top y su popular *Popotitos*. Eso sí, más o menos a las nueve se acababa la fiesta y había que recoger para que las chicas no llegaran tarde a casa.

Los antiguos vinilos se rayaban con el uso. Tenían dos caras: la A y la B.

Los noviazgos eran largos y los besos escasos, puesto que las chicas tenían que ser muy recatadas, no fueran a pensar que... cualquier cosa.

Las citas entre parejas jóvenes siempre estaban supervisadas por la atenta mirada de un adulto. O a falta de este, de la imprescindible «carabina».

Diccionario de palabras en desuso

Aguinaldo:
Era un dinerillo que las abuelas entregaban a sus nietos en las fiestas navideñas.

Duro:
Antes de que existieran los euros, las monedas que llevábamos en la cartera se llamaban "pesetas". Cuando juntabas cinco pesetas, tenías un duro. Y con un duro, poseías una fortuna para comprar "chuches".

Al tuntún:
Hacer algo al tuntún es hacerlo deprisa y corriendo, sin rigor. A lo que salga.

Carabina:
Las jovencitas no podían salir a la calle con un joven aspirante a novio sin la compañía de un adulto, normalmente un hermano o una amiga. A dicho acompañante se le llamaba "la carabina", y supervisaba que la posible parejita mantuviera las distancias y no perdiera la "compostura".

Guirigay:
Se refiere al griterío y confusión que resulta cuando varios hablan a la vez y desordenadamente.

Cuchipanda:
Reunión de amigos o familiares que se juntan para divertirse, normalmente alrededor de una mesa llena de comida.

Zangolotino:
Palabra empleada para referirse a los jóvenes que se comportan como niños, que se muestran poco responsables y algo vagos.

Botarate:
Hombre alborotado y de poco juicio. Si el muchacho zangolotino no cambia, termina convirtiéndose en un botarate.

Picaflor:
Hombre mujeriego, que va de flor en flor, sin "sentar la cabeza", como dirían entonces.

Sostén:
Prenda a la que ahora llamamos sujetador.

Enaguas:
Prenda interior femenina que se usaba debajo de la falda para darle más vuelo.

La portañuela:
Así llamaban los abuelos a la cremallera. "Súbete la portañuela", decían.

Sopapo o soplamocos:
"Te voy a dar un sopapo". Sinónimo de tortazo.

Encinta:
"Estar encinta" era y es estar embarazada.

De balde:
"Comer de balde" o "beber de balde" es hacerlo sin pagar por ello, gratis o "de gorra", como diríamos actualmente.

Cáspita:
Expresión que se emplea para mostrar sorpresa o admiración.

Faltriquera:
Bolsillo que se ataba a la cintura y se llevaba colgado debajo de la falda.

Palabrotas:
Palabras malsonantes, groseras según las abuelas, que los niños no deben emplear y que ellas nunca dicen.

¡Coña!:
Única palabrota que se les escapa a las abuelas.

Profesiones desaparecidas

El agüero o aguador

Persona dedicada a vender agua de casa en casa. Iba acompañado de burros y carretas con agua para repartirla en los pueblos en los que no existía el alcantarillado público o donde simplemente el agua quedaba muy lejos.

El colchonero

Los colchones de antes eran de lana, y la lana se apelmazaba con el uso. Por eso, era necesario llamar al colchonero para que varease el colchón y la lana se aflojara. La desaparición paulatina de estos colchones sin muelles supuso también la desaparición de este oficio.

El campanero

Encargado de tocar, repicar y voltear las campanas de la iglesia. También se ocupaba del mantenimiento del campanario: revisaba las ataduras de los badajos, la tensión de los distintos cables y cuerdas, y limpiaba el reloj de la iglesia. Con la aparición de los sistemas automatizados para tocar las campanas, su profesión desapareció.

El vendedor de hielo

Hasta que se generalizó el uso de las neveras en los hogares, se compraba hielo al vendedor callejero, que con un carro tirado por una mula iba por las calles cargando con un enorme bloque de hielo que cortaba para sus clientes. Las primeras neveras, bajitas y con una puerta gruesa, no producían frío. Este se conseguía metiendo en las neveras grandes trozos de hielo que conservaban los alimentos.

El carbonero

Se dedicaba a cortar leña recia en los montes que después preparaba quemándola y apagándola para hacer carbón. Este carbón se utilizaba en las cocinas de las casas o en las calderas para calentar los hogares. Se vendía en tiendas llamadas "carbonerías".

El afilador

Era aquel que deambulaba por ciudades y pueblos con su bicicleta o motocicleta, y anunciaba su llegada con una musiquilla peculiar de silbato. Afilaba utensilios como cuchillos o tijeras. También se encargaba de arreglar paraguas o de afilar lapiceros.

El sereno

Al ponerse el sol, él era el encargado de encender las farolas y de vigilar las calles del barrio hasta el amanecer. Guardaba las llaves de todos los portales por si algún vecino despistado no las llevaba encima o por si alguien necesitaba ayuda durante la noche.

Antes de ahora

Nuestras abuelas nacieron y crecieron antes de la era digital. Antes incluso de la llegada de la red eléctrica. Desde entonces hasta hoy, la tecnología ha avanzado vertiginosamente, y todos los electrodomésticos que hace cincuenta años eran de lo más novedosos, ahora son reliquias del pasado, artilugios desfasados que, en muchos casos, los nietos no saben cómo usar ni para qué sirven.

LA RADIO

Antes de que la televisión llegara a los hogares, la radio era una gran protagonista en las tardes cotidianas de las casas. Alrededor de ellas las familias se reunían para escuchar las noticias, los concursos, las canciones de moda y las novelas, que venían a ser como las series televisivas de hoy día.

EL TOCADISCOS

Los hogares más modernos gozaban de este sofisticado aparato en el que la música, registrada en un vinilo (CD de la época), sonaba cuando una finísima aguja recorría sus hendiduras.

LA TELEVISIÓN

La llegada de la tele marcó un antes y un después en la rutina de las casas. La abuela de tu abuela se sentía incómoda frente al presentador de las noticias, que para ella era como una aparición insólita en mitad del comedor. Las imágenes, hasta bien entrados los ochenta, eran en blanco y negro, y la programación se limitaba a franjas horarias muy cortas. Por supuesto había un solo canal. Muchos años después, a este primero se sumó un segundo. Estos canales se llamaban "la uno" y "la dos".

LA MÁQUINA DE ESCRIBIR

Mucho antes que existiera el ordenador, antes de las teclas de máquinas digitales, esta máquina era la que se utilizaba para escribir. Sus ruidosas teclas, cuando eran pulsadas, se impregnaban de la tinta de una cinta, justo antes de estampar su huella sobre una hoja de papel que iba avanzando en el rodillo del aparato.

LA PLANCHA

Hasta la llegada de la electricidad, la plancha era este trozo de hierro modelado y con asa. Se calentaba en las brasas y luego se desplazaba sobre la ropa al igual que ahora.

EL TELÉFONO

Este peculiar aparato es el teléfono que reinó en los hogares durante décadas. ¿Cómo se marcaba el número al que querías llamar? Pregúntale a tu abuela, porque te parecerá increíble.

LA NEVERA

Prodigioso invento que sustituyó a las fresqueras. Un armario con ventilación que se colocaba en los lavaderos de las casas, en el lugar más fresco y ventilado, para que los alimentos se mantuvieran en condiciones el mayor tiempo posible.

LA CÁMARA DE FOTOS

En su interior no había una tarjeta de memoria digital, ¡para nada! Llevaba un objeto que parecía mágico llamado "carrete". Este tenía un número fijo de fotografías que podían ser disparadas: 12, 24 o 36. No se podían visualizar en ningún visor hasta que se acababa el carrete en uso. Entonces, ibas con él a una tienda de revelado y, unos días después, recogías tus fotos impresas en papel. El resultado era un misterio: podían salir borrosas, veladas, oscuras...

Grandes abuelas de la historia

Dicen que detrás de cada gran personaje relevante de la historia o de la cultura, se esconde una gran abuela que, injustamente, ha pasado desapercibida en las crónicas. Valgan estas páginas para recordarlas y homenajearlas, porque quién sabe cuál habría sido la historia de nuestros días si estas Superabuelas anónimas no hubieran participado en la educación de sus nietos...

❧ Tal vez las invasiones bárbaras que provocaron la caída del Imperio romano no habrían sido posibles si en la retaguardia, alimentando a las tropas con sus recetas infalibles, no hubiera estado la Abuela Cocinilla de Atila, rey de los hunos. Tal vez la verdadera reina fuera ella.

❧ La historia no habla de la gran abuela cromañona costurera que, puntada a puntada, cosía las pieles de su tribu para que su clan se protegiera del frío. Era la modista prehistórica.

◦ Quizá el faraón Zoser mandó construir la primera pirámide de Egipto inspirado por los monumentales setos escalonados que su abuela podaba con esmero en el jardín faraónico, frente a la ventana de su nieto.

◦ Puede ser que la abuela rosa de la diosa Afrodita, con sus enseñanzas sobre belleza y delicadeza rosácea, consiguiera para su nieta el título de diosa del amor y la fertilidad.

La abuela de María Antonieta

Era tan regalona que consentía a su nieta todos sus antojos sin privarla de ninguno. Tal vez por eso creció siendo caprichosa y derrochadora, reputación que arrastró el resto de su vida.

La abuela de Marie Curie

Quizá la Abuela Sabelotodo de Marie Curie fue la que inculcó en su nieta el gusto por las matemáticas y la ciencia. Sin ella, la genial científica nunca habría logrado dos premios Nobel.

La abuela de Cristóbal Colón
Una abuela viajera que relataba a su nieto los viajes de Ulises en la *Odisea,* le hablaba de los cantos de las sirenas y de los secretos del mar. Tentándolo a descubrir qué es lo que había más allá del horizonte.

La abuela de Mendel
Era una coleccionista de todo tipo de cosas imaginables. Entre ellas, guisantes, los mismos con los que Mendel, tras minuciosos estudios, descubriría las leyes sobre genética que han prevalecido hasta nuestros días.

Dile a tu abuela que te hable de...

Para esos momentos en los que veas que tu abuela pierde interés en la conversación, te ofrecemos unos cuantos nombres y palabras mágicas que son mano de santo para que ella se prepare un cafelito y se siente cómodamente para explayarse a sus anchas...

Bodas reales
Que te explique las bodas de antes, que eran más fastuosas que las de ahora.

Su noviazgo
Pregúntale por su etapa de novia y alucinarás con lo distintas que eran las cosas antes. ¿Cuántos años estuvo de novia?

Actores guapos
¿Eran los actores de antes más guapos que los de ahora? Dile que te hable de Paul Newman y James Dean y Tyrone Power...

El primer bikini
¿Cuándo vió ella por primera vez un bikini? ¿Y el primer *topless*?

Viajes en coche
Familias enteras remetidas en coches que hoy nos parecen de juguete: sin cinturones de seguridad ni aire acondicionado ni airbags... corriendo a la estratosférica velocidad de noventa kilómetros por hora por carreteras con tantos baches y curvas que parecían montañas rusas.

¿Qué era «ir a la mili»?
Los chicos, cuando cumplían la mayoría de edad, tenían que pasar un año aprendiendo a ser soldados en el servicio militar.

Servicio social
Una especie de servicio militar, pero para las chicas: en vez de aprender a no hacer nada vestidas de uniforme, ellas tenían que coser, hacer cestos y cosas así.

ABUELAS
Ayer, hoy y siempre

Érase que se era (o más bien que será) una abuela del año 2075, que vivía en una casa migrante. Cuando llegaba el frío, encendía los motores de su vivienda voladora y buscaba zonas más cálidas donde aterrizar. Su lugar favorito eran las praderas de Marte, aunque también le encantaban los cráteres lunares.

Podría pensarse que eso supondría un problema a la hora de estar cerca de sus nietos, pero no, pues la abuela, como todas las abuelas del año 2075, tenía un teletransportador. De esta forma sus polluelos podían disfrutar de ella en cualquier momento: solo tenían que llamarla telepáticamente y, zas, aparecía. Y es que a sus nietos, como a todos los nietos del mundo, sea el año que sea en el calendario, nada les gustaba más que disfrutar de los cuentos de la abuela para irse a dormir.

Nada era más divertido que escucharla contar sus historias del pasado, esas en las que hablaba de un mundo en el que la Luna todavía inspiraba a poetas y enamorados porque aún no se había convertido en un lugar turístico donde pasar las vacaciones. También les hablaba de los teléfonos móviles, unos anticuados aparatos en los que había que marcar un número para localizar a alguien. Y de las tabletas, que hacía tiempo habían sido sustituidas por los microchips.

Todo había cambiado tanto desde el 2014, cuando la abuela no era más que una niña, que sus nietos la escuchaban boquiabiertos. Entonces la abuela sonreía al recordar que ella también tuvo una abuela, y pensaba felizmente que, por más que todo cambiara y siguiera cambiando, había algo inalterable, algo que nunca dejaría de suceder. Y es que mientras hubiera una abuela en el mundo, habría un nieto deseoso de acurrucarse en su regazo.